BULLETIN OFFICIEL
MINISTÈRE DE LA GUERRE.

ÉDITION MÉTHODIQUE.

RECRUTEMENT DE L'ARMÉE

ALLOCATIONS

POUR

SOUTIENS INDISPENSABLES DE FAMILLE

Supplément arrêté au 31 décembre 1912.

PARIS

HENRI CHARLES-LAVAUZELLE

Editeur militaire

10, Rue Danton, Boulevard Saint-Germain, 118

(MÊME MAISON A LIMOGES)

1913

BULLETIN OFFICIEL
DU MINISTÈRE DE LA GUERRE.

ÉDITION MÉTHODIQUE.

RECRUTEMENT DE L'ARMÉE

ALLOCATIONS

POUR

SOUTIENS INDISPENSABLES DE FAMILLE

Supplément arrêté au 31 décembre 1912.

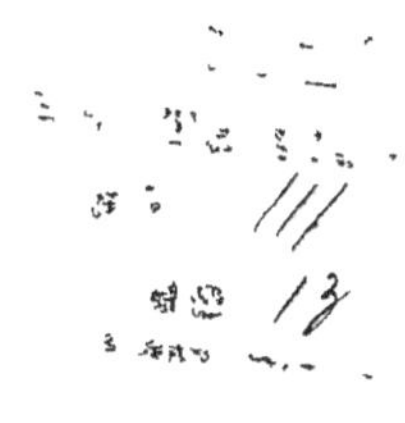

PARIS
HENRI CHARLES-LAVAUZELLE
Éditeur militaire
10, Rue Danton, Boulevard Saint-Germain, 118

(MÊME MAISON A LIMOGES)

1913

BULLETIN OFFICIEL
DU MINISTÈRE DE LA GUERRE.

***

ÉDITION MÉTHODIQUE

***

RECRUTEMENT DE L'ARMÉE

***

ALLOCATIONS

POUR

SOUTIENS INDISPENSABLES DE FAMILLE

***

Circulaire modifiant l'instruction du 16 janvier 1911 relative au mode d'attribution des allocations journalières accordées aux familles des militaires désignés comme soutiens indispensables de famille (rectificatif n° 1).

(Direction de l'Infanterie; Bureau du Recrutement et de l'Administration des hommes de troupe dans leurs foyers.)

Paris, le 14 juin 1911.

Les modifications suivantes sont apportées à l'instruction du 16 janvier 1911 :

Page 25, art. 25.

1° 1er alinéa, 4e ligne.

Dans la parenthèse, après : « Modèle S », ajouter : « ou S¹ »;

2° A la fin du premier alinéa, supprimer le renvoi (2) ;

3° Entre le premier et le second alinéa, placer le texte ci-après :

« La carte modèle S est adressée :

« 1° A tous les hommes des réserves affectés à des corps dans lesquels n'ont lieu ni appels échelonnés, ni appels par séries;

« 2° Aux hommes des réserves indiqués ci-après, affectés à des corps dans lesquels ont lieu des appels échelonnés ou par séries :

« Réservistes et territoriaux membres de l'enseignement public;

« Réservistes occupant l'un des emplois dont la mention est précédée d'un astérisque dans le tableau B annexé à l'instruction relative aux hommes de troupe de la disponibilité et des réserves;

« Réservistes et territoriaux en résidence régulière dans les pays limitrophes énumérés au chapitre XIV de ladite instruction (2).

« La carte modèle S¹ est adressée aux hommes des réserves affectés à des corps dans lesquels ont lieu des appels échelonnés ou par séries, sauf à ceux de ces hommes qui appartiennent aux catégories indiquées dans les 2ᵉ, 3ᵉ et 4ᵉ alinéas du paragraphe numéroté 2° du présent article. »

4° Au bas de la page, supprimer le renvoi (2).

5° Au bas de la page, placer le renvoi ci-après :

« (2) Avant d'être envoyée à ces hommes, la carte postale-avis doit recevoir les modifications prévues audit chapitre XIV. »

Page 26.

1° Remplacer la première ligne par la suivante :

« Dès qu'ils ont reçu la carte postale-avis.

2° Au bas de la page, supprimer le reste du renvoi (2) de la page 25.

Pages 87 et 88.

Remplacer le modèle S par les modèles ci-après .

Classo :   N° au reg. m'° :   N° au contrôle sp. :   Corps d'affectation :

AVIS AU SERVICE POSTAL

En cas de non remise
au destinataire, renvoyer
la présente au comman-
dant du bureau de recru-
tement d

RÉPUBLIQUE FRANÇAISE.

CARTE POSTALE-AVIS

N° 1024
DE LA NOMENCLATURE
GÉNÉRALE.
—
MODÈLE S
de l'Instruction
du 16 janvier 1911.
(Soutiens de famille.)

M

(*Dép^nt* d ....   ———)

Le destinataire de la présente carte est informé qu'il devra accomplir une période d'instruction de   jours l'an prochain. Il recevra, en temps opportun, un ordre d'appel.

S'il a l'intention de solliciter, pour sa famille, les allocations prévues en faveur des soutiens indispensables de famille (allocations qui ne peuvent être accordées que par les conseils départementaux et seulement dans la proportion de 12 p. 100 du nombre d'hommes des réserves convoqués), il devra remettre au maire de sa résidence, **avant le 15 décembre** de la présente année, une demande accompagnée d'un relevé des contributions payées par la famille et certifié par le percepteur et à laquelle devra être jointe la présente feuille.

Sur la déclaration du pétitionnaire, le maire dressera l'état modèle A indiquant le nombre et la position des membres de la famille vivant sous le même toit ou séparément, les revenus et ressources de chacun d'eux. Le maire doit envoyer le dossier complet au préfet **avant le 31 décembre.**

Timbre
du bureau
de re-
crutement.

Classe: N° au reg. m¹ᵉ : .... N° au Contrôle spᵃˡ   Corps d'affectation

AVIS AU SERVICE POSTAL

En cas de non-remise au destinataire, renvoyer la présente au commandant du bureau de recrutement d

RÉPUBLIQUE FRANÇAISE.

CARTE POSTALE-AVIS

N° 1024
DE LA NOMENCLATURE
GÉNÉRALE.
—
MODÈLE S1
de l'Instruction
du 16 janvier 1911.
(Soutiens de famille.)

M

(Dépᵗ d   ).

RÉPUBLIQUE FRANÇAISE,

Le destinataire de la présente carte est informé qu'il devra accomplir une période d'instruction de   jours l'an prochain. Il recevra, en temps opportun, un ordre d'appel.

S'il a l'intention de solliciter, pour sa famille, les allocations prévues en faveur des soutiens indispensables de famille (allocations qui ne peuvent être accordées que par les Conseils départementaux et seulement dans la proportion de 12 p. 100 du nombre d'hommes des réserves convoqués), il devra remettre au maire de sa résidence, **avant le 15 décembre** de la présente année, une demande accompagnée d'un relevé des contributions payées par la famille et certifié par le percepteur et à laquelle devra être jointe la présente feuille.

Sur la déclaration du pétitionnaire, le maire dressera l'état modèle A indiquant le nombre et la position des membres de la famille vivant sous le même toit ou séparément, les revenus et ressources de chacun d'eux. Le maire doit envoyer le dossier complet au préfet **avant le 31 décembre.**

Timbre
du bureau
de
recrutement.

Partie réservée
à l'adresse du chef de corps (1).

Affranchir la
presente feuil-
le si elle n'est
pas remise à
la gendarme-
rie.

A M.

à

(1) Directeur du service de l'intendance du gouvernement militaire ou du corps d'armée pour les sections de commis et ouvriers militaires d'administration.

Directeur du service de santé du gouvernement militaire ou du corps d'armée pour les sections d'infirmiers militaires.

Gouverneur militaire ou général commandant le corps d'armée pour les sections de secrétaires d'état-major et du recrutement.

Nom (1) :

Prénoms (1) :

Gouvernement militaire ou corps d'armée (1) :

N° au répertoire du corps (1) ,

Corps d'affectation et garnison (1) :

Profession (2) :

Epoque qui convient le mieux à l'intéressé pour l'accomplissement de sa période d'exercices (2) :

____

(1) A remplir par le Commandant du bureau de recrutement.
(2) A remplir par l'intéressé. *Il sera tenu compte, dans la mesure du possible,* des préférences exprimées sur l'époque de l'accomplissement de la période.

NOTA. — Dès la réception de la carte postale-avis, le destinataire détachera la présente feuille.

Après y avoir porté les indications nécessaires et l'adresse du chef de corps, il l'enverra directement, à ce chef de corps, par la poste en l'affranchissant, ou bien la remettra, sans l'affranchir, à la gendarmerie qui la fera parvenir à destination.

Circulaire portant modification à l'instruction du 16 janvier 1911. Allocations pour soutiens indispensables de famille (rectificatif n° 2).

(Direction de l'Infanterie; Bureau du Recrutement et de l'Administration des hommes de troupe dans leurs foyers.)

Paris, le 21 décembre 1911.

Les modifications suivantes sont apportées à l'instruction du 16 janvier 1911. (Vol. n° 68³. Allocations pour soutiens indispensables de famille.)

2ᵉ partie, p. 30.

A la suite de l'article 34, ajouter :

Convocations exceptionnelles.

« *Art. 35.* Dans les cas où des hommes des réserves, non compris dans le tableau annuel de l'appel des réservistes et territoriaux, sont convoqués exceptionnellement et n'ont pu, par suite, recevoir une carte postale-avis modèle S, les commandants de bureau de recrutement adressent, d'urgence, aux préfets, à l'égard de ces hommes, les renseignements indiqués à l'article 23 et accomplissent les formalités énoncées à l'article 24.

« Il est joint, par les soins de ces officiers supérieurs, une notice modèle V à chaque ordre d'appel exceptionnel sous les drapeaux.

« Les autorités civiles et militaires se conforment, pour l'instruction des demandes de cette nature, aux prescriptions des articles 26 à 33 inclus. Il appartient notamment aux préfets de réunir, le plus tôt possible, le conseil départemental.

« Les désignations ont lieu dans les conditions déterminées par l'article 22 de la loi du 21 mars 1905 et l'article 1ᵉʳ de la loi du 14 avril 1908 modifiant l'article 41 de la loi du 21 mars 1905, jusqu'à concurrence de 12 p. 100 du nombre total des hommes convoqués exceptionnellement.

« Afin de permettre aux familles secourues de percevoir, aussi promptement que possible, le montant de l'indemnité accordée, les autorités civiles et militaires remplissent sans aucun retard, en ce qui concerne ces demandes de désignation comme soutiens indispensables de famille, les formalités prévues par la deuxième partie de la présente instruction. »

Modèles :

A la suite du modèle U, ajouter le modèle ci-après :

Recto.

<table>
<tr><td></td><td style="text-align:center">NOTICE
concernant une convocation exceptionnelle.</td><td style="text-align:right">Modèle V
de l'instruction du
16 janvier 1911.
(Soutiens de famille.)

Format carte postale.</td></tr>
<tr><td>à coller
à l'ordre
d'appel.</td><td>Nom (1)
Prénom (1)
Classe (1)
Numéro au registre matricule (1)
Numéro au contrôle spécial (1)
est convoqué pour accomplir une période d'exercices de (1)
dans le (1)
à compter du (1)</td><td style="text-align:right">jours</td></tr>
</table>

(1) A remplir par le commandant du bureau de recrutement

Si le destinataire du présent ordre d'appel à l'intention de solliciter, pour sa famille, les allocations prévues en faveur des soutiens de famille (allocations qui ne peuvent être accordées que dans la proportion de 12 p. 100 du nombre total d'hommes des réserves convoqués) il devra remettre **d'urgence,** au maire de sa résidence, une demande accompagnée d'un relevé des contributions payées par la famille et certifié par le percepteur et à laquelle devra être jointe la présente notice. Le Maire enverra le dossier complet au Préfet **dans le plus bref délai possible.**

*Circulaire relative à l'application de l'instruction du 16 janvier
1911, réglant le mode d'attribution des allocations journalières
aux familles des militaires désignés comme soutiens de famille.*

(Direction de l'Infanterie; Bureau du Recrutement.)

Paris, le 29 janvier 1912.

L'article 10, paragraphe *d*) de l'instruction du 16 janvier 1911
est ainsi conçu :

« Le payement de l'allocation, au moyen du livret modèle H,
est suspendu à dater du jour où l'avis de radiation est parvenu
au comptable (trésorier-payeur général, receveur des finances
ou percepteur) sur la caisse duquel l'allocation est assignée
payable.

« Les sommes pouvant être acquises aux titulaires de livrets
pour la période antérieure feront l'objet de mandats individuels
décomptés jusqu'au jour inclus de la mutation. »

Il a été constaté, par la Cour des comptes et par les fonction-
naires du contrôle, que la règle ci-dessus n'a pas toujours été
appliquée et que certains sous-intendants militaires ont établi des
mandats individuels décomptés jusqu'au jour où l'avis de mutation est parvenu au comptable.

Il convient d'éviter le retour de semblables erreurs, qui ont pro-
voqué les payements pour des sommes supérieures à celles qui
étaient dues, et de se conformer à l'avenir aux prescriptions ci-
après, qui ne sont d'ailleurs que la stricte application de l'arti
cle 10, paragraphe *d*) ci-dessus, savoir :

Lorsqu'une mutation se produit parmi les soutiens de famille,
le comptable du Trésor ne peut en tenir compte qu'à partir du
jour où il en a été informé.

En conséquence, si, après la mutation, mais avant d'en avoir
reçu l'avis, le comptable a payé une quittance extraite du livret
modèle H, le payement effectué sera maintenu, conformément
au principe posé par l'article 15 de l'instruction.

Par contre, dès que l'agent du Trésor est avisé de la mutation,
il doit suspendre tout payement sur quittance extraite du livret;
c'est alors par mandat direct du sous-intendant militaire que la
somme doit être payée; ce mandat doit être établi jusqu'au jour
inclus de la mutation, conformément aux prescriptions nettement
stipulées par l'article 10, paragraphe *d*), de l'instruction.

*Circulaire portant modifications à l'instruction du 16 janvier 1911
réglant le mode d'attribution des allocations journalières accordées aux familles des militaires désignés comme soutiens
indispensables de famille.*

(Direction de l'Infanterie; Bureau du Recrutement et de l'Administration des hommes de troupe dans leurs foyers.)

Paris, le 15 septembre 1912.

Modifications à l'instruction du 16 janvier 1911.

Art. 4.

1° Ajouter l'alinéa suivant :

« Toutefois, si des radiations définitives sont prononcées *avant*
l'incorporation, il pourra être fait des désignations nouvelles (1). »

2° Ajouter le renvoi (1) suivant :

« (1) Les nouveaux bénéficiaires prennent sur la liste générale prévue
au 2ᵉ alinéa du § *a* de l'article 4 les numéros d'ordre qui avaient primiti-
vement été attribués aux soutiens de famille rayés avant l'incorporation. »

3° Ajouter l'alinéa suivant :

« Il est rappelé expressément que le conseil départemental
doit statuer lui-même sur chacun des dossiers qui lui sont soumis
et qu'il ne peut déléguer à des commissions ou sous-commissions
prises dans son sein, le soin d'examiner et de coter les demandes
dont il est saisi. »

Art. 5.

1° A la première ligne du premier alinéa, au lieu de : « Le
préfet adresse après chaque réunion, etc. », lire : « Le préfet
adresse *immédiatement* après chaque réunion, etc. ».

2° A la première ligne du deuxième alinéa, après les mots :
« En outre, il transmet directement... », ajouter : « Et cinq jours
au plus tard après la séance. »

Art. 10.

Ajouter le renvoi (2) suivant, après le troisième alinéa de l'ar-

ticle 10, paragraphe A, c'est-à-dire après les mots : « A l'aide
du modèle L ».

« (2) En ce qui concerne le remplacement des soutiens de famille
définitivement rayés avant incorporation, le préfet en avise immédiatement le sous-intendant militaire et renvoie, pour annulation, à ce fonc-
tionnaire, les livrets de payement primitifs après les avoir réclamés aux
détenteurs.

« La délivrance des livrets établis au nom des nouveaux titulaires, faite
dans les conditions prescrites par l'article 7, n'a lieu qu'après l'annulation des livrets primitifs.

« Avis des nouvelles désignations est également donné par le préfet
au commandant du bureau de recrutement et par le sous-intendant militaire au trésorier-payeur général. »

Art. 16.

Les deux derniers alinéas de l'article 16 sont remplacés par les
suivants :

« Le payement de l'allocation journalière et celui des majorations d'allocation sont effectués, le premier sur la présentation
du livret de payement (modèle H) et le second sur la présentation
du certificat (modèle H^1) par les soins de ces mêmes agents.

» Ce payement a lieu au moyen de *traites blanches* tirées par
les agents diplomatiques ou consulaires sur le Trésor public pour
le compte du Département de la guerre. »

Art. 25.

« L'article 25 est complété comme il suit :

« Les commandants de recrutement adressent des cartes-postales-avis (mod. S ou S^1) supplémentaires aux hommes des réserves susceptibles d'être convoqués dans l'année et qui n'ont pu
être prévenus à l'époque normale (novembre) par suite de leur
changement d'affectation.

« Les cartes-postales-avis sont adressées à ces hommes le
15 janvier au plus tard. D'autre part, les demandes d'allocations
doivent être remises par les intéressés au maire de leur résidence
avant le 5 février et les dossiers complets doivent parvenir au
préfet le 15 du même mois au plus tard.

« Les dates ci-dessus des 5 et 15 février sont inscrites à la
main par les commandants de recrutement sur les cartes-postales-avis au lieu de celles des 15 et 31 décembre. »

Art. 26.

1° Intercaler entre le 1er et le 2e alinéa de l'article 26, l'alinéa suivant :

« En ce qui concerne les demandes prévues aux trois derniers alinéas de l'article 25 ci-dessus, elles sont examinées dans une séance tenue du 1er au 10 mars, conformément au tableau inséré à l'article 4, § B. »

2° Après les mots du dernier alinéa : « Appartenant à leur corps », ajouter : « Cet extrait doit être envoyé *sans aucun retard.* »

Art. 29.

1° Supprimer la dernière phrase commençant ainsi :

« Ces bulletins doivent être envoyés, etc... »

2° Après le mot allocations, ajouter :

« Il adresse, le cas échéant, à chaque chef de détachement les bulletins et enveloppes concernant les hommes des réserves qui doivent accomplir leur période dans les détachements.

« **Les bulletins (modèle T) signés par le chef de corps ou de détachement, suivant le cas, doivent être envoyés par ces officiers** *le jour même* **de l'arrivée de l'homme. Tout retard dans l'envoi de ces bulletins engagerait la responsabilité du chef de corps ou de détachement.** »

Modifications à des modèles.

1° Modèle E.

Il y a lieu d'ajouter à l'état nominatif des soutiens de famille modèle E, les neuf colonnes ci-après, figurant à la droite du registre-contrôle modèle G et relatives au payement des majorations d'allocations savoir :

Nombre d'enfants.	ANNÉE 191	ANNÉE 191 .				ANNÉE 191		
	4e trimestre.	1er trimestre.	2e trimestre.	3e trimestre.	4e trimestre.	1er trimestre.	2e trimestre.	3e trimestre.

2° Modèles E et G.

Ces deux imprimés seront du format raisin et la qualité du papier sera supérieure à celle actuellement employée.

Toutefois, ces modifications ne seront exécutées que lorsque la provision des imprimés en service sera épuisée.

3° Carte-postale avis, modèle S ou S[1].

Le commandant de recrutement inscrira, au verso de la carte postale-avis, la date à laquelle il l'envoie aux intéressés.

Cette date sera inscrite à gauche du timbre du bureau de recrutement.

RÉPUBLIQUE FRANÇAISE

Le destinataire de la présente carte est informé qu'il devra accomplir une période d'instruction de   jours l'an prochain. Il recevra en temps opportun un ordre d'appel.

S'il a l'intention de solliciter, pour sa famille, les allocations prévues en faveur des soutiens indispensables de famille (allocations qui ne peuvent être accordées que par les conseils départementaux et seulement dans la proportion de 12 p. 100 du nombre d'hommes des réserves convoqués), il devra remettre au maire de sa résidence, **avant le 15 décembre** de la présente année, une demande accompagnée d'un relevé des contributions payées par la famille et certifié par le percepteur et à laquelle devra être jointe la présente feuille.

Sur la déclaration du pétitionnaire, le maire dressera l'état modèle A indiquant le nombre et la position des membres de la famille vivant **sous** le même toit ou séparément, les revenus et ressources de chacun d'eux. Le maire doit envoyer le dossier complet au préfet **avant le 31 décembre.**

Timbre
du bureau
de
recrutement.

4° Bulletin d'arrivée modèle T.

1° Le renvoi (1) du bulletin d'arrivée (modèle T), ainsi li-
bellé : « Grade du chef de corps », est remplacé par le suivant :
« Grade du chef de corps *ou de détachement.* »

2° Le renvoi (2) du même modèle : « Désignation du corps,
etc. », est complété comme il suit : « Désignation du corps *ou
du détachement, etc...* » (Le reste sans changement.)

5° Procès-verbal d'enquête modèle U.

Remplacer le procès-verbal d'enquête de gendarmerie (modèle U) par les deux modèles ci-après U et U^1; le premier concernant les demandes d'allocations relatives aux hommes de l'armée active, le second concernant les demandes d'allocations relatives aux hommes des réserves.

(Voir ci-après les procès-verbaux d'enquête modèle U et U^1.)

' LÉGION.

—

COMPAGNIE

d

—

ARRONDISSEMENT

d

—

BRIGADE

d

—

N° de la brigade :
du   19 .

Procès-verbal consta-
tant une enquête sur
la situation de famille
du   , classe ,
en vue de l'obtention de
l'allocation journalière
pour soutien de famille.

—

' expédition.

MODÈLE U.

Article 292 du décret
du 20 mai 1903.

Armée active.

GENDARMERIE NATIONALE .

Cejourd'hui   mil neuf cent   à
heure   du
Nous, soussigné
gendarme à   , à la résidence de
            , département d   ,
revêtu de notre uniforme et conformément aux
ordres de nos chefs, agissant en vertu d'une demande de renseignements de M. le Préfet de
            , en date du   , avons
recueilli les renseignements suivants sur la situation de famille du   ,
de la classe de   , n° matricule   , du
recrutement de   , demeurant
à   ,

1° Situation des père et mère.

A. — PÈRE.

Nom, prénoms.
Age.
Profession; que rapporte-t-elle ?
Etat de santé (mentionner ici les
infirmités, le cas échéant).
Conduite et moralité (renseigne-
ments recueillis près des autorités
locales).

B. — MÈRE.

Nom, prénoms.
Age.
Profession; que rapporte-t-elle ?
Etat de santé (mentionner ici les
infirmités, le cas échéant).
Conduite et moralité (renseigne-
ments recueillis près des autorités
locales).

Situation de fortune.

Charges de famille.

Reçoivent-ils l'allocation des vieillards ?

NOTA. — Ce procès-verbal d'enquête doit être établi sur feuille double
formant chemise.

2· Situation des enfants.

Indiquer pour chacun :

Prénoms et âge.
Profession; que rapporte-t-elle ?
Dans quelle mesure vient-il en aide à sa famille ?
Vit-il chez ses parents, chez autrui, ou forme-t-il un ménage distinct ?
Infirmités, le cas échéant.
Conduite et moralité.

1· L'appelé (s'il est marié, répondre au paragraphe 3).

2·

3·

4·

5·

6·

7·

3° Situation de l'appelé marié.

Mari.
Nom, prénoms, âge.
Profession ; que rapporte-t-elle ?
Conduite et moralité.

Femme.
Nom, prénoms, âge.
Profession ; que rapporte-t-elle ?
Conduite et moralité.

Situation de fortune.

Viennent-ils en aide à leurs parents. Dans quelle mesure ?

Enfants.

4· Famille.

En faveur de qui l'allocation est-elle demandée ?

Situation de fortune.

Mentionner si les grands-parents reçoivent l'allocation des vieillards.

Autres charges de famille que celles déjà indiquées.

En foi de quoi, nous avons rédigé le présent procès-verbal en deux expéditions : la première destinée à M. le Préfet de   ; la deuxième à nos chefs, conformément à l'article 298 du décret du 20 mai 1903.

Fait et clos à   , les jour, mois et an ci-dessus.

Vu et transmis par le   , commandant l   , au

n° 3.

Le   19   .

• LÉGION.

d   COMPAGNIE

d   ARRONDISSEMENT

d   BRIGADE

N° de la brigade :
du   19 .

Procès verbal cònstatant une enquête sur la situation de famille du , classe , en vue de l'obtention de l'allocation journalière pour soutien de famille.

• expédition.

Réserve et armée territoriale.

MODÈLE U-1.

Article 202 du décret
du 20 mai 1903.

GENDARMERIE NATIONALE

Cejourd'hui   mil neuf cent   à
heure du
Nous, soussigné
gendarme à   , à la résidence de
      , département d ,
revêtu de notre uniforme et conformément aux ordres de nos chefs, agissant en vertu d'une demande de renseignements de M. le Préfet de
    , en date du   , avons recueilli les renseignements suivants sur la situation de famille du
de la classe de   , n° matricule   , du recrutement de   , demeurant
à

1° Le réclamant.

Nom, prénoms.
Age.
Profession; que rapporte-t-elle ?
Etat de santé (mentionner les infirmités, le cas échéant).
Est-il célibataire, marié ou veuf ?
Vit-il chez ses parents, chez autrui ou a-t-il un domicile personnel ?
Conduite et moralité (renseignements recueillis près des autorités locales).
Situation de fortune.

2° La femme.

Nom, prénoms.
Age.
Profession; que lui rapporte-t-elle ?
Etat de santé (mentionner les infirmités, le cas échéant).
Conduite et moralité.

NOTA. — Ce procès-verbal d'enquête doit être établi sur feuille double formant chemise.

3° Enfants.

Indiquer pour chacun :

1°

2°

Prénoms.

3°

Age.

4°

Gain (pour ceux en âge de tra-
vailler).

5°

Nombre d'enfants au-dessous de
16 ans à la charge de l'appelé.

4° Famille.

En faveur de qui l'allocation est-
elle demandée ?
Situation de fortune.
Charges.
(Mentionner ici si les parents ou
grands-parents reçoivent l'allocation des vieillards, s'ils sont aidés
par d'autres membres de la famille.)

En foi de quoi, nous avons rédigé le présent procès-verbal en deux
expéditions : la première destinée à M. le Préfet de   ;
la deuxième à nos chefs, conformément à l'article 298 du décret du
20 mai 1903.

Fait et clos à   , les jour, mois et an ci-dessus.

Vu et transmis par le   , commandant l   , au

n° 3.

Le   19   .

*Circulaire portant modification à l'instruction du 16 janvier 1911:
allocations pour soutiens indispensables de famille (rectificatif
n° 3).*

(Direction de l'Infanterie; Bureau du Recrutement et de l'Administration des hommes de troupe dans leurs foyers.)

Paris, le 1ᵉʳ novembre 1912.

INSTRUCTION DU 16 JANVIER 1911.

1ʳᵉ partie, page 16, article 10, avant-dernier alinéa :

Au lieu de :

« En outre, il est établi trimestriellement par les sous-intendants, etc... »,

Lire :

« En outre, il est établi semestriellement par les sous-intendants, etc... »,

TABLE CHRONOLOGIQUE.

TABLE ALPHABÉTIQUE.

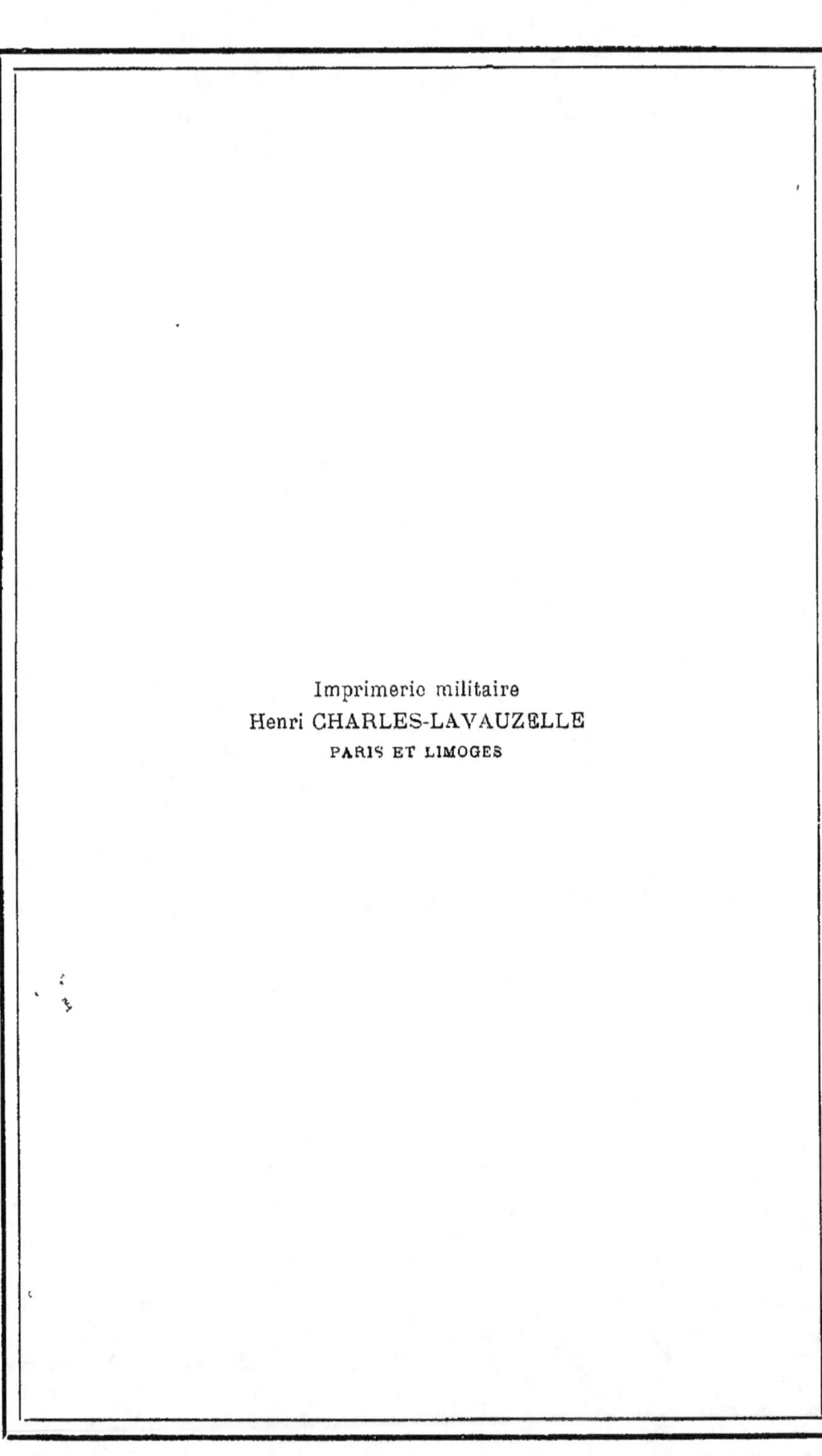

Imprimerie militaire
Henri CHARLES-LAVAUZELLE
PARIS ET LIMOGES